ADVOCACIA MILIONÁRIA
"A partir de agora temos um novo compromisso."

Marcos Krieger Filho

Produção Independente

Comercialização Exclusiva Kindle/Amazon

Sumário

INTRODUÇÃO

O livro em questão é objeto de uma trajetória de apenas um ano e meio com resultados inacreditáveis. Como pode um advogado de apenas 28 anos ter plantado sementes que vão lhe proporcionar mais de dois milhões de reais nos próximos 5 anos?

A verdadeira promessa é de que qualquer pessoa que tenha hábitos saudáveis também conseguira plantar essas sementes que resultarão em uma vida de abundância e prosperidade.

As ferramentas que vão ser apresentadas neste livro vão além da prática ou da mera informação acerca de como cobrar, negociar ou de gerir seu negócio.

De fato, o autor do livro é uma pessoa que fez tudo que teve vontade, aprendeu a navegar e agir dentro dos quadros da depressão, da falta de dinheiro, da infelicidade, e até mesmo das dificuldades de viver em uma cultura diferente da sua.

A vida do autor é apresentada no livro "Diário de Torto à Direito", e sua continuação será publicada no final do ano de 2025. Claro, que a presente obra tem sua importância para os advogados, entretanto, aconselho que leiam a história de minha vida, para aprender aquilo que levei uma vida para aprender.

A única promessa que será exigida na presente obra é que vocês sejam pessoas melhores, que parte da fortuna que conseguirem seja utilizada para mudar o mundo, mudar a vida das pessoas, da mesma forma que espero fazer a diferença na vida dos leitores.

A SEMENTE

Conheço muitas pessoas que acreditam que não tem potencial para determinadas coisas. A primeira pessoa que conheci, claramente, sem nenhum potencial fui eu.

Eu não acreditava em nenhuma de minhas aptidões, minha primeira visão da vida era "ser um jogador de futebol", entretanto, desde jovem era nítido que eu não tinha habilidade para aquele tipo de esporte.

Eu fazia de todas as risadas, deboches e pensamentos negativos, força para treinar e superar aquelas situações adversas.

Toda dificuldade que eu enfrentava era combatida com um sentimento de ódio e raiva, que me dava força para treinar, correr atrás e buscar mostrar para tudo e todos de que eu seria um jogador de futebol.

Sem dúvida, minhas tentativas renderam diversos resultados, eu conseguiria ter me tornado um jogador, após a aprovação no Olímpia do Paraguai, entretanto, acabei rompendo o ligamento do joelho e não voltei a jogar futebol.

Acredito que tive muita sorte, pois a partir do momento que eu consegui atingir aquele objetivo, não existiam motivos que me fizessem continuar jogando futebol, a raiva, o ódio, e até mesmo aqueles pensamentos das pessoas rindo ou desacreditando não existiam mais.

Será que eu venci? De fato, aprendi uma valiosa lição que é uma vitória, "nossos objetivos só fazem sentido quando são nutridos por pensamentos positivos, que façam a diferença na vida das pessoas, caso contrário serão vazios."

A PALAVRA

Em muitos casos o advogado será enganado pela palavra do cliente, entretanto a palavra do advogado jamais poderá ser utilizada para enganar o cliente.

O cliente que engana o advogado sofrerá os prejuízos durante o processo, uma vez que de formas reiteradas existem provas contrárias e testemunhas capazes de deixar o advogado em uma saia justa.

Deste forma, você como advogado deve ter consciência de que o seu trabalho foi realizado da melhor foram possível, e que o maior causados do mal é o seu cliente, assim a pior escolha do cliente é mentir para o seu advogado.

O advogado por sua vez que tem uma palavra honesta, orienta sobre os possíveis riscos e resultados jamais será visto de forma negativa pelo seu cliente, uma vez que o comportamento e as ações do cliente é que vão refletir nos resultados almejados em uma ação judicial.

Os advogados que levam os resultados de ações judiciais, fatos decorrentes da vida pessoal de seus clientes, e outras questões para o seu âmbito emocional terão abalo iminente na sua qualidade de vida.

Toda e qualquer palavra negativa deve ser vista de fora pelo advogado, como se fosse um instrumento de fora da relação fática existente, caso contrário, poderá incorporar-se na sua vida.

O advogado não deve tirar conclusões sobre o serviço que está prestando, muitos questionam sobre os advogados que defendem criminosos, entretanto, o advogado é uma ferramenta para efetivação da justiça, alheia à situação descrita, ferramenta que busca dar o melhor de si, e gerar valor para a sociedade.

GERAR VALOR

Uma das questões mais importantes para ter sucesso na advocacia é a geração de valor, pois ela é o mecanismo que move toda a sociedade.

Uma pergunta constante que sempre me faço é "caso eu morra hoje o que eu fiz de bom para sociedade? Quem vai sentir minha falta? Como posso fazer algo que fique na história?".

A necessidade de fazer a diferença na sociedade tem muito a ver com os rendimentos que você terá no futuro. Sem dúvida, para tornar-se um profissional de sucesso você terá que ter muito estudo, especialização e maestria no que esta fazendo, mas *"as vezes um coração bom basta."*

Muitas pessoas buscam estar ao lado de pessoas bem sucedidas com base na premissa de que os resultados que você colhe são decorrentes das pessoas que influenciam sua vida, e sem dúvida isso é verdade.

Um exemplo disso é o fato de que toda pessoa de sucesso teve um mentor, que poderia até ser o pai de uma criança durante sua infância. Isso explica-se pelo sistema de crenças dessa pessoa, que resulta em comportamentos e ações capazes de gerar um valor social elevado.

O primeiro passo para gerar valor é mudar os hábitos, imaginar seus objetivos e vivenciá-los de forma que todos que estão ao seu redor tenham ganhos.

Imagine que você seja um advogado especializado em uma demanda, vou citar o meu caso, sou advogado previdenciário, tenho muito interesse na área, mas durante estes anos iniciais de escritório eu fui obrigado a trabalhar em todas as áreas possíveis, aprendendo o que não sabia para poder ganhar uns trocados.

Se você encontra-se na mesma situação, ou se já tem um escritório de sucesso a pergunta é a mesma, onde está o ponto cego? Parece uma pergunta burra, mas que pode fazer você mudar sua visão, seus pensamentos, seus comportamentos e também suas ações.

Você ganha uma ação judicial e oferta novos serviços, ou ganha uma ação judicial e perde o contato com o seu cliente? O ponto cego é este, quando você joga o cliente pro canto e fica com o dinheiro a sensação dele é de que você apenas ganhou dinheiro.

Entretanto, quando você chama o cliente no escritório, lhe entrega o dinheiro em mãos, ou algo que represente este dinheiro, lhe convida para tomar um café quando tiver tempo hábil e frisa que foi ótimo fazer a diferença na vida dele, claramente você está gerando um valor dentro da sociedade.

Muitos amigos me perguntam como que eu faço para conseguir clientes, eu sempre digo que estou estudando, faço palestras, que eu tento manter contato com meus clientes de forma semanal, ou sempre que possível, entretanto, muitos dizem que também fazem isto e não tem muito sucesso.

O fato é que todo mundo ensina que a melhor técnica para conseguir clientes é o "boca-a-boca", mas esquecem de falar que é também a melhor técnica para perder clientes, desta forma a primeira lição que você deve ter é, "nunca, nunca, nunca, jamais, deixe um cliente sair insatisfeito".

Parece difícil realizar esta tarefa, mas você pode ter certeza de que o advogado dificilmente será culpado pelo resultado processual, a menos que o cliente de causa à isso.

Isso é claro em casos de cobrança, por exemplo, a pessoa já está devendo, logo não é plausível que você se torture por perder um processo no qual o seu cliente já estava devendo, mas tão somente reconhecer que você fez o possível para tentar ajudá-lo.

Então, como eu poderia fazer com que este cliente saísse satisfeito? Utilizando a palavra, deixando claro para o cliente que a dívida existe, que a chance de êxito é baixa e que existe possibilidade de negociação, ademais todos somos responsáveis pelas nossas atitudes.

Assim, a importante função de fazer o famoso "boca-a-boca" funcionar é use sua palavra de forma objetiva e clara, e jamais fruste as expectativas de um cliente, com uma simples atitude, seja honesto e seja claro sobre os riscos existentes, mas prometa ao cliente que está em boas mãos.

COBRAR PELO VALOR GERADO

Eu errei muito no começo da advocacia por não saber cobrar pelos serviços realizados, de certa forma quando você começa em um trabalho, recém-formado, por mais prática que tenha tido em um escritório de advocacia, terá inseguranças de gerir o seu próprio negócio.

Muitos dos advogados observam as despesas para verificar quanto deveriam cobrar pelos serviços prestados, entretanto, esse é um dos maiores erros do escritório de advocacia.

Existe a necessidade de incluir nos seus custos o trabalho que você teve para estudar o assunto, os dias de noites não dormidas, o tempo que você abdicou de sua família, e outros exemplos não descritos aqui.

Claro que a resposta imediata de qualquer pessoa seria: "tudo que fiz não tem preço", entretanto, muitas dessas abdicações não foram somente para sua atividade profissional, mas também para seu crescimento pessoal.

Logo, qual seria o valor justo para você? Essa pergunta é muito pessoal, por isso informo que não existe uma resposta correta, existe uma resposta certa, que se você cobrar com base nas suas despesas estará fadado a viver uma vida em que você acorda, paga as contas e dorme, resultando sem dúvida em um prejuízo á coletividade, uma vez que seus esforços e suas habilidades não vão atingir um valor social agregado.

A necessidade de traçar um objetivo lhe permitirá ajudar várias pessoas e ainda viver uma vida abundante, ou seja, compartilhando sentimentos positivos e agregando valor à vida de outras pessoas.

O primeiro ponto que deve ser objeto de cuidado pelo advogado é de quebrar suas limitações, quebrar paradigmas e pensamentos limitantes. Muitas pessoas não conseguem ter sucesso por não acreditar no sucesso.

A única forma de cobrar pelo valor gerado é você acreditar que gerou o valor na vida das pessoas, e desta forma tornar-se uma ferramenta multiplicadora.

Quando você começa a aceitar que realmente fez a diferença na vida das pessoas terá o comprometimento necessário inerente a reciprocidade existente.

O que busco afirmar com isso? Você terá que internalizar a seguinte informação em sua memória, "estou mudando o mundo, e mereço ser recompensado por isso".

De certa forma, existem advogados que não conseguem cobrar por uma consulta, e agora eu vou demonstrar como você pode ser mais criativo, e navegar nas águas pelas quais você estudou, tem conhecimento, mas não sabe lucrar com isso.

O LUCRO

Sempre quando estamos falando em lucro temos a nítida imagem da conta bancária crescendo e crescendo. Entretanto, na vida o lucro pode se dar nos campos da emoção, da mente, do corpo e do espírito.

Quando você busca plantar uma semente com a finalidade de gerar um valor social, você estará almejando alguma forma de cobrança, e muitas delas refletirão positivamente umas nas outras, sem dúvida.

O lucro que você terá ajudando um idoso que necessita do benefício assistencial (BPC/LOAS), será inerente às suas vontades, podendo refletir positivamente na sua mente, gerando pensamentos positivos, fazendo com que você sinta-se disposto e até mesmo motivado à ajudar outras pessoas.

A partir do momento que a pessoa tem os mesmos sentimentos por você, podemos dizer que você está em lucro nos campos financeiros com grandes probabilidades de que o efeito multiplicador venha a lhe favorecer.

Sem dúvida seu maior trabalho e sua maior recompensa já foi efetivada, entretanto, o dinheiro lhe proporciona também diversas sensações, e por isso é necessário para que você continue gerando este valor no mercado e na vida das pessoas.

A partir deste ponto de partida devemos ter em mente que "o dinheiro é a coisa mais importante para que você continue gerando valor na vida destas pessoas."

Eu não estou questionando sobre a possibilidade ou não de ganhar dinheiro, estou dizendo que se você atuar dentro dos limites da palavra, gerando valor para as pessoas, sem dúvida você poderá ter muito dinheiro e contribuir ainda mais para sociedade.

Muitas pessoas não se acham merecedoras do pagamento, entretanto, o advogado é uma ferramenta social que trabalha com resultados, todo pagamento que você deixou de receber poderá ser convertido em uma frustração se você não se remunerar.

Sem dúvida, o advogado que é rico preocupa-se em pagar primeiro a si mesmo do que os outros, diante disto o advogado precisa saber criar, e não seguir modelos de honorários padrão ou cobranças com base em valores pré-fixados.

O maior problema é o ponto-cego, ou seja, tudo aquilo que você empregou esforços, obteve resultados, mas o cliente não vê. Sim, trata-se de um ponto de vista do cliente.

Todos nós seres humanos temos dificuldades em reconhecer os esforços das outras pessoas, justamente porque estamos sempre olhando de pontos de vistas diferentes.

Com um simples exemplo busco explicar a situação, todo ano o natal era maravilhoso, no qual um determinado parente sempre se responsabilizava em fazer a comemoração ser a mais bela possível, entretanto, por algum motivo este parente não o fez. Você foi encarregado desta tarefa, talvez, você veja que o valor de todo trabalho realizado foi merecido, afinal você e todos os familiares obtiveram ótimos sentimentos, graças a você.

Dessa forma, é preciso que você abra os olhos do seu cliente, de modo que ele consiga acessar as janelas de sua emoção, gerando bons sentimentos, e conseqüentemente boas ações para você, ou seja, "boca-a-boca", bons sentimentos e dinheiro.

O trabalho de criação de reciprocidade é objeto da palavra que você tem com o cliente, você planta uma semente, prometendo o melhor trabalho possível para o seu cliente, orienta sobre os riscos e resultados possíveis na demanda, demonstra como funciona ações semelhantes, prova isso abrindo decisões judiciais ou demonstrando casos semelhantes no escritório, e assim terá ferramentas para ser recompensado.

Claramente o lucro do seu escritório dependerá da forma como você age com as pessoas na sua vida, todos os pensamentos geram sentimentos, e assim, você poderá saber se fez um bom trabalho ou não.

Muitos devem estar se perguntando, "Eu achei que ia aprender a ficar rico neste tópico, será que perdi algo?". Com certeza, se você está fazendo esta pergunta é porque tem dificuldades em cobrar os honorários advocatícios, entretanto este tópico é a base de todo e qualquer lucro de seu escritório.

DESPESAS

Antes de seguir preciso falar de um caso prático de como começar um negócio com a conta negativa, e de como estou gerando rendimentos para mantê-lo com apenas 50 mil reais por ano.

Primeiramente, optei em gerir o negócio de forma à reduzir custos justamente pois não tinha condições de manter o negócio operando, e sem dúvida o que dá dinheiro ao escritório são os clientes.

Quando você começa a atuar não sabe muito bem por onde correr, então eu decidi começar fazendo pequenas palestras explicativas. Em cada palestra que fiz consegui de um à três clientes, que indicaram para outras pessoas e assim fiquei conhecido em menos de 6 meses.

O Cartão de visitas foi uma das despesas necessárias, bem como internet, aluguel, energia, telefone e um sistema de cálculos previdenciários, e assim no primeiro mês eu precisava levantar o valor de R$1.400,00 reais.

Conforme as demandas foram aumentando, tive a necessidade de contratar uma estagiária, investir em tecnologia, melhorar os processos internos, reformar o escritório, enfim, investi muito dinheiro e tenho um custo fixo de aproximados 50 mil reais anuais, ou seja, aproximados R$4.000,00 à 4.800,00 reais mensais.

Os gastos parecem altos para um escritório de apenas 1 ano e meio, entretanto, os lucros são como se fossem sementes, ao mesmo tempo que existe uma sensação de não ter dinheiro, sabemos que o efeito multiplicador está gerando grande valor social.

A prova disto foi os 6 primeiros meses do escritório, nos quais conseguimos 60 mil reais, investimos tudo e pagamos várias despesas pessoais. E em menos de um ano e meio, em 15.02.2020, estaremos inaugurando o segundo escritório, justamente com a função de gerar valor social.

Muitas vezes você está prestes a desistir, olhando apenas para as despesas, mas você precisa deixar as dívidas virem, deixe as contas chegarem, seu nome ficar negativado, e você pensa assim, bastará uma ação para você dar a volta por cima.

Ocorre que você não pode pensar que basta uma ação judicial para você mudar de vida. O que falta é mudança de pensamento para você mudar de vida, e espero que esse livro seja a melhor ferramenta para você, meu amigo advogado, mudar de vida.

A partir de agora, você se compromete comigo à mudar seus pensamentos, pois somente assim você mudará de vida. Vamos começar à refletir sobre o que fazemos e como podemos fazer das despesas o adubo das nossas novas sementes.

RESULTADOS

O advogado trabalha com resultados sem dúvidas, mas boas parte dos trabalhos realizados não terão um resultado visível do ponto de vista do cliente, ou seja, ele não terá um sentimento imediato com a utilização dos seus serviços.

Muitos dos casos que eu pego no escritório são de pessoas que tem interesse em fazer um planejamento previdenciário, então eu demonstro quanto que as pessoas vão gastar pagando ao INSS e quanto que terão de retorno com base na expectativa de vida da população brasileira.

Em alguns casos os clientes deixam de fazer o planejamento por entenderem que seria mais benéfico esperar do que gastar mais dinheiro ainda com o dito planejamento. Eu informo que pode ser que tenham razão, mas podem ainda estar deixando de receber um benefício por meio de tal atitude.

Sem dúvida os operadores do direito estudam e tem conhecimento da melhor forma de atuar nas suas respectivas áreas, entretanto, eu, particularmente entendo que muitos dos conceitos que aprendemos na sala de aula estão engessados.

O advogado trabalha por meio de resultados sem dúvidas, entretanto, trabalham muitas vezes com resultados e sem ganhos financeiros, pois são explorados pelos seus clientes. Trata-se de uma situação contrária ao mercado de consumo e prestação de serviços.

O maior risco existente é de que o cliente seja explorado pelos empresários e prestadores de serviços, entretanto, no caso dos advogados ocorre o contrário, muitos clientes entendem que o advogado tem o dever de tirar dúvidas sem cobrar.

O sentimento é de frustração, e muitos advogados até mesmos tem sentimento de impotência para fazer qualquer tipo de cobrança. Entretanto, o momento para entender o funcionamento dos negócios é este, por meio desta leitura, e parte disso foi exemplificada no tópico "o lucro".

O cliente vai começar a entender que ele só teve os benefícios a partir do momento que você atuou, e se ele quiser continuar tendo estes benefícios terá de pagar por isso. Entretanto, muitos advogados não sabem como fazer e como proceder de modo à não perder o cliente, e acabam fazendo contratos de risco para pagamento ao final.

O advogado que tem o pensamento de que não está apenas pagando contas, e que não está sendo remunerado pelo seu trabalho, mas sim pelos seus resultados estará apto a cobrar o valor justo pela diferença que fez na vida do seu cliente, e da sociedade.

Um advogado que trabalha pelo resultado reconhece que seu trabalho não é somente para aquele cliente, mas para sociedade, e entende que todo esforço, estudo e dedicação empregada vai muito além do valor que está sendo pago.

Desta forma, precisamos que você seja um advogado que trabalha pelo resultado maior, que é o de gerar valor social, mudar vidas e tornar esse efeito ainda maior dentro da sociedade, só assim você terá abundância na sua vida emocional, mental, espiritual e corporal.

Quando você demonstra par ao seu cliente que você mudou a vida dele, você terá o direito de cobrar o valor que achar justo pelo serviço prestado.

QUANTO COBRAR

O valor cobrado não pode ser inferior ao valor da tabela da Ordem dos Advogados do Brasil, entretanto, a função do advogado é essencial a justiça. Desta forma, lembre-se que a moderação, razoabilidade e proporcionalidade devem ser observadas no momento da negociação.

Em muitos casos os advogados atuam unicamente pela plenitude e abundancia de suas vidas, buscando ajudar pessoas que não tem condições, atuando de forma à complementar as ações estatais, e deixando de obter rendimento com isso, e de certa forma indo contra a tabela da OAB, entretanto, acredito, pessoalmente que a função social é mais importante.

Conforme demonstrado a beleza da profissão é propiciar a mudança na vida das pessoas, e esse é o verdadeiro efeito que multiplica os pensamentos positivos das pessoas.

Muitos advogados tem dinheiro, não porque roubaram, não porque fizeram algo errado, muito pelo contrário, tem dinheiro pois tiveram importante função na vida das pessoas, multiplicaram pensamentos e ações positivas, e o universo sem dúvida propiciou toda a abundância emocional, emocional, social, e espiritual existente.

Claro que no existem diversos exemplos do que não devemos fazer, dos exemplos que não devem ser seguidos, e das atitudes que não podem ser aceitas em uma sociedade. Estes conjuntos de preceitos negativos só serão extintos por meio do efeito multiplicador contrário.

Isso demonstra-se por exemplo por meio do recolhimento de impostos, muitos se negam a recolher impostos sob a justificativa de que o dinheiro não será bem empregado, de fato, isso ocorre muitas vezes.

Entretanto, tem a opção de recolher para instituições específica e assim fazer a diferença na vida de pessoas.

Logo, existem formas de justificar a inação, e existem formas de agir a fim de investir legalmente e da melhor forma possível o dinheiro recebido. Assim, o valor gerado na segunda opção agrega valor à sociedade e à pessoa que pagou os referidos impostos.

Um exemplo são as empresas que patrocinam os eventos nacionais, estão contribuindo para o esporte e competições, e ainda estão criando uma imagem favorável ao seu negócio.

Desta forma, a questão, "Quanto cobrar?" é facilmente explicável através de outra pergunta "Quanto você quer receber?". Eu particularmente tenho dentro da minha carteira como meta o valor de 2 Bilhões de reais, parece uma besteira, ou um valor inatingível, entretanto eu acredito que posso fazer a diferença na vida das pessoas e esse valor é o mínimo que eu quero para provar isso.

Eu sempre me questionava o quão difícil é ser milionário, entretanto fiz uma conta simples, através de algumas suposições, vamos supor que eu pague R$2.000,00 reais de aluguel, e despesas em um pequeno escritório todos os meses.

Será que em 10 anos eu conseguiria ter mil ações? Eu teria que ter no mínimo 100 ações por ano. Ocorre que no primeiro ano você teria apenas 100, mas o efeito multiplicador faria com que você tivesse no mínimo 200 no ano seguinte, e por ai vai.

Sabendo disto, vamos supor que você cobre R$350,00 por consulta no seu escritório, e um ano você teria no mínimo R$350,00 x 100, o valor de R$35.000,00 reais, e em um ano você gastaria R$24.000,00 com o escritório.

Logo, suas consultas lhe dariam o retorno de R$11.000,00 reais, e não estamos nem falando do resultado final das ações judiciais, ou dos valores pagos em cada ação.

Desta forma, se você é advogado e tem medo de ficar pobre ou sem renda, eu sinto lhe informar que o problema não é quanto cobrar, afinal se você cobrasse somente a consulta, você conseguiria viver para suprir suas necessidades básicas.

Então, firmamos aqui mais um compromisso, a questão não é quanto cobrar do cliente, mas sim, saber que o cliente só vai ganhar quando você ganhar.

Entretanto, não estamos falando somente de dinheiro, estamos falando da geração de valor, quando você ganha a confiança e consegue gerar um sentimento favorável ao seu cliente você acaba de ganhar, no mínimo uma consulta, cabendo à você avaliar a necessidade e possibilidade do cliente.

CRIANDO

Sempre aprendi na escola que nada na vida se cria, tudo se transforma. Entretanto, muitas pessoas conseguem entender somente aquilo que ela veem.

Ocorre que a partir do momento que você estuda, você começa a criar condições intelectuais de gerar honorários para seu escritório, ou seja, transforma conhecimento em honorários.

Eu tenho sempre aprender algo e tento desaprender, venho tomando esse modelo para demonstrar que muitos outros doutrinadores e pessoas importantes partem da mesma ideia.

Eu sempre aprendi que no contrato de risco o valor é de 20%, entretanto, eu entendo que o valor do meu trabalho é de 30% e comecei a adotar este valor como base de cobrança.

Outros professores entendiam que em matéria previdenciária o valor cobrado seria de 2 benefícios e 20% ao final, entretanto eu entendo que o valor correto é de 30% no final.

Acredito que existem modelos de cobrança que são justos, e em alguns casos explicamos sobre os riscos de perder a ação, mas é proposto ao cliente um valor fixo, sendo informado que o valor deve ser pago independentemente do resultado da ação.

Logo, existem os contratos de risco e os contratos por preço fixo. De certa forma o contrato de risco oferece maior segurança para os clientes, pois só terão que pagar se tiverem o benefício.

Em muitos casos os clientes chegam ao escritório sem nenhuma situação para pagar os valores e acham que o contrato de risco é a melhor opção, entretanto quando recebem os valores entram em desacordo e discutem o porquê o advogado recebe todo aquele valor.

Assim, os advogados devem sempre ter o contrato de honorários assinado, de preferência por duas testemunhas, cuidado que eu sempre tenho no escritório, após alguns problemas com clientes.

Entretanto, eu comecei a perceber que eu precisava mudar a forma de cobrar, pois eu estava trabalhando muito e tendo poucos resultados financeiros.

Eu optei em obter uma máquina de cartão de crédito, e assim consegui fazer cobranças de ações judiciais parceladas e liberar a totalidade do dinheiro na hora, mesmo com o desconto de taxas e despesas da máquina de cartão.

Eu dei a opção do cliente parcelar a consulta no cartão de crédito, que também rendeu dinheiro de forma rápida para o escritório, com essa simples atitude eu consegui fazer com que os ganhos do escritório se elevassem rapidamente.

A fim de demonstrar como a mudança de pensamento no momento de cobrar pelos serviços pode propiciar uma melhor na situação financeira do escritório de vocês vou passar uma forma de cobrança que inventei e como apresentá-la aos clientes.

O pensamento é melhor aplicável as demandas previdenciárias. Imagine que você tem um cliente que pretende se aposentar, mas ele depende de um reconhecimento de atividade especial, rural ou de comprovação de atividade na condição de autônomo.

Você sabe que o processo administrativo poderá resultar na concessão ou não do benefício, bem como o processo judicial é algo que do ponto de vista jurídico dependerá do entendimento do juiz da causa por tratar-se de matéria controvertida.

Ocorre você conseguirá reconhecer para pessoa 10 anos de contribuição, sendo que se você não tivesse atuado esta pessoa teria que trabalhar estes 10 anos.

Entretanto, mesmo com todo seu esforço a pessoa não atingiu o tempo necessário para se aposentar, faltando 1 ano para se aposentar. Mas você havia feito um contrato de risco, no qual você só ganharia se a pessoa ganhasse o benefício, e você sai de mãos abanando.

Eu passei por isso no começo quando estava começando a atuar, na verdade, eu tinha mais interesse em aprender e fazer os processos, mas aprendi que o dinheiro é necessário, gera frutos, muda vidas e é um importante elemento transformador.

Então, vou demonstra pra você como ganhar muito dinheiro, fazer com que o seu cliente saia muito feliz e você tenha rendimentos excelentes para o seu escritório através de algumas perguntas que vão fazer sentido para você e depois lhe darei as respostas.

Qual o salário mínimo no País? Sabendo que seu cliente paga 20% ao INSS, quanto ele paga por mês? Quantos meses você conseguiu para ele através do seu trabalho?

A resposta é simples, você tem fundamentos para melhorar o seu contrato de honorários. Faça seu cliente entender que você foi muito importante para que ele conseguisse se aposentar antes.

Utilize didática, explique de forma que ele entenda o que você está falando, seja coerente e demonstre que você abraçou o compromisso que tinha e fez o melhor que pode, mas não esqueça de fazer o contrato de honorários.

Você vai deixar claro no contrato de honorários que você reconheceu 10 anos para seu cliente, e que a cada mês reconhecido no

INSS você cobraria o valor de 50 reais, por um ano reconhecido você cobraria R$600,00 reais, em 10 anos você conseguiria cobrar R$6.000,00 reais.

Não parece justo? Seria justo trabalhar 10 anos a mais? Seria justo o pagar para o INSS, aproximados R$200 reais por mês durante 10 anos?

Você tem ferramentas e potencial para demonstrar que o seu trabalho vale a pena, você muda a vida do seu cliente de forma que ao invés de pagar R$200,00 reais por um mês, estaria pagando R$200,00 reais por quatro meses.

Este é um exemplo de como você pode fazer as coisas diferentes, transforme seus pensamentos em ações, pense, crie fundamentos lógicos para seu cliente sentir que você realmente está mudando a vida dele, e você será recompensado por isto.

NUTRA SEU NEGÓCIO

A importância de não ser afetado por pensamentos negativos e pessoas negativas é primordial para manutenção do seu negócio. Muitas pessoas entendem que negócio é algo que empresários e empreendedores tem, entretanto, o negócio é algo que começa por dentro de cada uma das pessoas.

O maior negócio do mundo é aquele em que você consegue gostar de si próprio, um dos ensinamentos de cristo é de que devemos nos amar para então poder amar aos nossos irmãos, muitas vezes a interpretação é de que devemos apenas amar aos próximos, mas isso só é possível se formos capazes de ser amáveis antes de tudo.

A necessidade de amar as pessoas é medida imprescindível para o advogado de sucesso, caso contrário existirá uma pessoa multiplicadora de caos social. A justiça é cega para ser justa, mas muitas vezes deixa de ter coração e fere pessoas mal instruídas.

Particularmente eu não vejo a sala de audiência como um estádio de gladiadores prontos para satisfazer a vontade do povo, mas tão somente um local em que justiça será feita, sem levar nenhum ponto para o lado pessoal.

Independente do resultado de muitas ações o advogado ganhará dinheiro, existem ações que o advogado estará sujeito à perder pelas ações do seu cliente, muitas delas ocorreram antes do atendimento, algumas posteriores ao atendimento, isto ocorre pois as pessoas estão muito machucadas, com conflitos interiores que merecem cuidados estranhos a atividade do advogado.

Muitos colegas levam a situação para o lado pessoal, sendo este um dos maiores erros. Não tenha sentimentos negativos pelos colegas, não sinta raiva ou sentimentos negativos pelas partes, adversas ou clientes.

A sociedade está em constante mudança, muitos entendimentos mudam, no judiciário tal afirmação é uma constante, e assim, é necessário aprender a parar de reclamar por reclamar.

A única forma de mudar os pontos de vistas das pessoas é conversando, entrando em um consenso e demonstrando que a melhor solução para sociedade ou para o conflito não é o "encontro de gladiadores".

Sem dúvida você será um câncer para o seu negócio se você tiver hábitos negativos, atitudes estranhas, reclamar constantemente, ser uma pessoa instável e sem palavra.

As pessoas mais bem sucedidas são pessoas calorosas, felizes, estáveis, honestas e com credibilidade. Uma pessoa negativa e corrupta pode ter dinheiro, mas não pode ter felicidade.

Agir de forma à obter renda e ser odiado não é uma opção para as pessoas de caráter e boa índole, muito menos para uma pessoa que almeja uma vida feliz.

Sem dúvida a minha promessa é que você seja um advogado rico, em valores, criações, bons sentimentos e honestidade, e conseqüentemente você será um advogado milionário, afinal isso é o de menos.

Conforme demonstrado, se você cobrar somente as consultas de forma eficaz você conseguirá manter o escritório funcionado de forma que conseguirá bons frutos, o que eu não te falei é que você terá muito mais que 100 clientes em um ano, logo, esses rendimentos serão ainda maiores.

Para você nutrir o negócio é importante você ter em mente que é fácil ser um milionário, basta que você tenha objetivos claros.

Nosso próximo objetivo é que você melhore seus processos de funcionamento internos, se for o seu primeiro escritório imagine que ele é um escritório modelo, que você está fazendo testes de funcionamento.

Imagina que você está cozinhando um ovo, e você gosta dele de uma determinada forma, você se programa para ver os resultados do ovo que fica 2 minutos, 3 minutos, 4 minutos e 5 minutos, e utiliza aquele que lhe dará a melhor sensação, e refletirá no melhor sentimento para você.

Da mesma forma o escritório, você tem que ver como vai nutrir as ramificações do processo que começam sem dúvida na entrada do cliente no seu escritório.

Você vai oferecer café ou água?

O cliente vai poder sentar em um sofá ou uma cadeira?

Vai ser atendido por uma estagiária?

O contrato de honorários vai ser redigido por você ou alguém vai lhe assistir?

Você atende com hora marcada ou atende somente quando o cliente chega?

Os documentos vão ser digitalizados por você após o atendimento, pela estagiária durante o atendimento?

Você vai oferecer os meios de pagamento ou a secretária ficará responsável pelo pagamento após a consulta?

Você tem um programa de gestão de clientes ou utilizará arquivos físicos e planilhas do Excel?

Você vai ter um padrão de atendimento, com fichas de atendimentos e perguntas pré-existentes de acordo com cada tipo de ação ou você terá uma ficha de anotações que serão preenchidas por você?

A existência da ideia de um escritório modelo nada mais nada menos é do que você estar analisando a todo momento a forma como você vai atender seus clientes, a existência de um padrão gera uma imagem forte para o seu negócio e reflete em credibilidade e confiança para o cliente.

Aliado à este fundamento demonstra pra o cliente que você já vem aplicando esta metodologia e se você conseguir a aprovação de outros clientes sobre sua metodologia de trabalho dificilmente será indagado sobre a forma como cobra ou receber seus honorários.

Desta forma, você poderá manter um padrão de atendimento, gerar grande valor social, agregar valor ao serviço prestado, criar uma identidade para o cliente de organização, e ainda poder servir de exemplo para que outros escritórios aprimorem os serviços, gerando novamente um valor social elevado.

Novamente você acaba nutrindo seu negócio, pois o seu trabalho passa a ser reconhecido por profissionais da área, que poderão indicar os seus serviços caso não atuem na área. E ainda assim, você poderá suprir alguma necessidade existente no escritório deles.

Um exemplo disto é o reconhecimento de equiparação salarial e outras verbas na Justiça do Trabalho, muitos advogados ganham a ação trabalhista e deixam de levar as informações da sentença trabalhista para o INSS. E quando a pessoa se aposenta deixa de receber o valor que seria devido.

Por exemplo, caso uma pessoa ganhasse mil reais por mês, deixasse a empresa para se aposentar, antes de se aposentar ingressou com uma ação trabalhista para exigir equiparação salarial por exercer uma função que no quadro funcional lhe daria o direito à três mil reais mensais.

Ao final da demanda, a pessoa teve o direito reconhecido mas estas informações não foram levadas ao INSS, logo, é um trabalho que mudará o valor da aposentadoria da pessoa de forma que o valor ficaria muito acima do que ela recebeu, e poucos profissionais tem conhecimento disto.

Desta forma, a visão de que a advocacia é um ringue, em que existe profissionais melhores ou piores é equivocada, de fato existem pessoas que tem conflitos internos e/ou entre uns e outros, cabendo ao advogado orientar o cliente da melhor forma possível de forma à melhorar a vida das pessoas dentro das atividades inerentes à sua função perante a justiça.

GESTÃO DE PESSOAS

Eu nunca entendia propriamente como as grandes empresas selecionavam seus candidatos e porque os processos de avaliação tinham tantas perguntas sobre as expectativas e pretensões dos candidatos.

No momento em que me tornei dono de um negócio comecei a entender que ninguém é perfeito, mas que dentro de cada pessoas existe fraqueza e força, e que algumas pessoas não tem perfis para determinados negócios.

Não trata-se de advogar, mas de criar forças que façam o mecanismo girar de forma a obter resultados positivos. Por exemplo, existem pessoas que administram bem, outras que conseguem clientes como se fosse mágica, outros que navegam em jurisprudências, montam teses e peticionam majestosamente.

Claramente, existem pontos positivos e negativos nas pessoas, mas a vontade de aprender e a perspectiva de melhora é um dos pontos que eu acho primordial no negócio, e certamente, a pessoa demonstra isso durante a entrevista.

Diante disto comecei a me questionar sobre qual seria a real finalidade do meu escritório de advocacia, sobre quais pontos eu poderia melhorar e como o investimento no meu pessoal interno poderia multiplicar os meus resultados.

Sem dúvida, a gestão de pessoas se tornou um dos pontos cruciais para o negócio. Quando você trabalha sozinho seus resultados dependem unicamente de você, mas todo trabalho funciona como se fosse uma roda gigante, enquanto você está em audiência, alguém está no escritório.

Essa pessoa seria como se fosse o maquinista, e você andando pra cima e para baixo. O advogado vai para audiência, atende no escritório, elabora petições, estuda, organiza o escritório, e por ai vai, enquanto o pessoal do escritório fica responsável pelo agendamento de horários, informa os clientes sobre o andamento do processo, recebe valores de clientes, e por ai vai.

Claro que existem formas de atuar e delegar as funções, muitos estagiários peticionam e auxiliam, mas o que eu quero dizer é que enquanto alguém está no escritório, você terá um suporte enquanto estiver fora, caso necessite de informações, ou para que a máquina continue operando.

Assim, como você pode manter seu pessoal motivado? Essa motivação demandará de suas estratégias, da forma como você se porta e como respeita seus funcionários. Muitos obtém disciplina pelo medo, mas o respeito decorre da reciprocidade, do investimento e da honestidade.

Dessa forma, o momento da seleção do seu candidato refletirá nos resultados do seu escritório. Por isto, eu aprendi que a melhor forma de manter um funcionário motivado é selecionar pessoas que se motivam por coisas que também me motivavam.

Eu sempre gostei de fazer cursos, gostava de fazer um currículo bonito e bem elaborado. De fato, nunca fui o melhor aluno da classe, de certa forma eu tinha objetivos que não eram condizentes com a atividade jurídica.

Inicialmente jogava futebol, quando isto não deu certo visei ser lutador de muaythai e boxe sempre estudando para concursos bancários e do INSS, consegui um emprego no Registro de Imóveis, fiquei dois anos aproximadamente, e após uma mudança grande na minha vida e em um estado psico-emocional delicado resolvi deixar tudo de lado e fui trabalhar de modelo na Índia, posteriormente voltei e abri o escritório.

Ocorre que tudo que eu havia estudado e plantado estava ali, e sem dúvida, entrei sem dinheiro no negócio e obtive excelentes resultados. O fato é que não existe perda quando você está disposto a melhorar, tudo é aprendizado.

Logo, o melhor índice para selecionar pessoas é verificar quais são as aptidões delas, suas intenções e as coisas que motivam estas pessoas.

Se você fornecer materiais a pessoa vai estudar ou vai deixar o material de lado? Se você deixar a pessoa com tempo útil no escritório, a pessoa vai estudar? Vai te pedir coisas para fazer? Ou vai tentar procrastinar de alguma forma?

Vamos mais além? E se você tiver uma mente totalmente aberta, em que estas pessoas vão ter liberdade para trabalhar dentro do escritório, para estudar, desde que consigam cumprir os trabalhos existentes, podendo inclusive ganhar a autonomia para trabalhar, anotar as horas trabalhadas e se remunerar de forma que a confiança seja decorrente dos resultados desta pessoa.

As pessoas que trabalham com resultados tendem a ser mais honestas, razão pela qual a gestão de pessoas é uma importante ferramenta para você ter melhores resultados no seu escritório, e que se moldem a suas perspectivas e condutas inerentes ao seu modelo de escritório.

Temos assim um novo compromisso, você terá total atenção no momento de selecionar um funcionário. Não deixe que o funcionário crie sentimentos negativos nele ou em você, estimule sempre os bons pensamentos, caso contrário o negócio estará fadado ao fracasso.

ADMINISTRADOR-ADVOGADO

As atividades de administração requerem habilidades referentes à organização e gestão do negócio. Dentro do escritório tenho notado que a administração do escritório de advocacia não é muito complicada.

O primeiro ponto que deve-se ter cuidado é sempre o foco na redução de custos, ignorando desejos momentâneos que não resultarão em resultados práticos e efetivos.

O estímulo à aprendizagem e desenvolvimento dos colaboradores é necessário, e sem dúvida, ferramenta indispensável para agregar valor ao escritório, a carreira dos colaboradores e sem dúvida para gerar valor social elevado.

Para administrar não basta pensar que você é o dono e que deve ser compreendido pelos colaboradores, muito pelo contrário você deve entender como cada um funciona, para assim moldar o seu negócio.

Administrar o dinheiro é o menor dos problemas, primeiro que existem diversos programas que fazer isso para você, a única coisa é cuidar da alimentação do sistema. E por segundo, a tarefa é manual e requere comprometimento da pessoa responsável, e sem dúvida tempo hábil.

Para administrar corretamente é necessário que a máquina funcione, caso contrário o escritório será infrutífero e gerara perdas. Logo, o funcionamento depende das habilidade do administrador de condicionar os esforços dos colaboradores aos resultados almejados, sendo que qualquer perda deve servir de lição para evitar novos prejuízos.

O administrador investe nos colaboradores, mas ao mesmo tempo espera algo em troca, motivação para alavancar os movimentos da engrenagem, que não pode parar.

O administrador dá oportunidades aos colaboradores, deixando claro que existe reconhecimento pela indicação de clientes, resolução de casos e trabalhos bem feitos.

O administrador é coerente em suas decisões e honra seus compromissos, demonstrando que a palavra é um elemento que deve ser observado no meio jurídico.

O administrador sabe que a aprovação social é importante, por isso sempre toma cuidado com os dizeres, postura e de como é visto pelos clientes e colaboradores.

O administrador sabe que os pensamentos positivos sempre geram bons sentimentos e devem ser utilizados para gerar afeição e zelo entre colaboradores e clientes.

O administrador sabe que sua autoridade não decorre do poder, mas sim da capacidade de fazer pequeno, de aprender e de ensinar.

O administrador sabe que a escassez de pessoas boas é decorrente de conflitos internos, podendo gerar valores sociais inimagináveis com conversas bem direcionadas.

Com as afirmações acima é comprova-se que o advogado tem importante papel dentro e fora do escritório, muitas vezes é comparado com psicólogo do cliente por ter que ficar escutando reclamações, mas a verdade é que o advogado pode ser uma semente de esperança na vida de muitas pessoas.

PENSAMENTOS DESTRUTIVOS

Muitas vezes a pessoa que esta ganhando dinheiro acaba entrando em um ciclo vicioso de gastos e perda de tempo com besteiras e informações desnecessárias.

A necessidade de mudar os pensamentos e crenças decorre de ensinamentos gravados no subconsciente que faz com que as pessoas sejam autodestrutivas.

Um exemplo claro é a pessoa que nunca se deu o luxo de ter dinheiro sobrando pois teve uma infância pobre, muitos se acostumam com o estilo de vida e aprendem a investir quando ganham dinheiro.

Entretanto, outros gastam como se o fato de nunca tiveram dinheiro sirva de justificativa para continuar sem o dinheiro.

Em muitos casos a pessoa não acha que merece todo aquele dinheiro e acaba gastando sem razão. O fato é que para ter dinheiro é preciso entender que toda e qualquer pessoa tem condições de gerir a própria vida.

As comparações acabam fazendo com que as pessoas deixem de olhar para o interior, deixam de controlar seus pensamentos e acabam olhando sempre para seus semelhantes.

Quando você tem hábitos ruins você terá grandes fardos que lhe levarão para o insucesso, a melhor forma de evitar isso é começar a questionar suas atitudes.

Por exemplo, se você toma refrigerante em determinada hora do dia, sempre em casa, seria viável que não comprasse mais refrigerante, e se você não consegue deixar de comprá-lo no mercado, seria bom que outra pessoa fosse fazer compras.

É apenas um ponto de partida.

O escritório de advocacia funciona da mesma forma, se você pensar que trabalhou o suficiente e resolver deixar os processos largados nas mãos de seus colaboradores, em breve você terá uma série de pedidos de substabelecimentos.

Sem dúvida, não exime as razões e os méritos dos trabalhos realizados até o momento, mas a sinergia existente entre as fraquezas do seu cliente e os benefícios que você trouxe estarão na mão de pessoas que talvez o cliente não tenha tanta afeição.

O administrador, o chefe, a pessoa que fez o atendimento com o cliente cria uma identidade e faz com que exista um certo comprometimento. Logo, o abandono injustificável pode não ser visto com bons olhos pelo cliente, assim sempre que possível é bom haver justificativas plausíveis a fim de não comprometer o relacionamento pactuado.

Os clientes gostam de ser lembrados, de forma que todo cuidado e atenção com os compromissos firmados resultará na sensação de segurança e zelo, inclusive durante a prestação de informações.

Em muitos casos o advogado presta informações todos os dias para determinados clientes, do meu ponto de vista a medida pode ser destrutiva pois acaba tirando tempo útil do advogado para responder questões pouco efetivas.

Rotineiramente recebo mensagens de clientes, quando eu entendo que a questão é delicada eu opto em não responder e deixo para responder somente nos horários de expediente solicitando que marquem uma consulta e agendem um horário.

Em alguns casos menores é possível ofertar um norte ao cliente sem efetivamente prestar uma consulta, mas tão somente informá-lo sobre os direitos existentes.

Ocorre, que as autodestruição começa quando o advogado perde a cabeça e responde ofensivamente o cliente, é melhor não responder do que ofender o cliente.

A justificativa deve ser sempre o trabalho e os horários de atendimento, salvo força de causa maior. Logo, o cliente compreenderá, uma vez que todas as pessoas trabalham, tem compromissos e respeitam ordens.

Formamos aqui um novo compromisso, em nenhum momento você irá alterar o tom de voz com o seu cliente, os problemas do cliente serão unicamente dele.

O seu serviço é honroso, você trabalha com os resultados do seu trabalho, e você trabalha nos horários que se encaixem na sua rotina, pensada e planejada para gerar valor social.

METAS E OBJETIVOS

Muitas pessoas definem de forma diversa objetivos e metas, eu particularmente tenho que um objetivo é algo que deve ser concluído, e uma meta é algo que pretende-se concluir com possibilidade de valores incertos.

Por exemplo, podemos definir que no seu escritório você tenha a meta de atender 100 pessoas por ano e o objetivo de faturar 100 mil reais.

Sabendo que as consultas lhe renderão R$35.000,00 reais, você poderia ter como objetivo atingir o faturamento de 65 mil reais.

Entretanto, eu prefiro ter como objetivos o trabalho prático, por exemplo, coisas para fazer, petições e demais tarefas palpáveis e concretas, de forma que os objetivos se concretizem e sumam da minha mesa.

Parte da organização se refere aos objetivos que podem ser eliminados por mim, caso eu não possa eliminar preciso que alguém o faça, e assim, menos é mais resultados, é apenas um modo de pensar.

As metas seriam referencias que eu poderia utilizar para justificar resultados e buscar melhorar meus processos internos, servindo como dados para projeções e comparações.

Desta forma se você tem o objetivo de faturar R$100.000,00 em um ano, você terá que ter um fundamento que justifique de forma certa que você vai fazer isto, por exemplo, um acordo aguardando homologação do juízo, ou apenas uma liberação de precatório, caso contrário não poderá ser considerado um objetivo palpável.

A importância disto é que você se preocupa com aquilo que está dentro da sua zona de ação, e o que é incerto não prejudicará sua rotina e seu orçamento, e muito menos suas condições mentais, psicológicas, emocionais e físicas.

O advogado que pretender ficar milionário plantando sementes e investindo no escritório não pode ser refém de resultados incertos, os contratos de risco devem ser esquecidos, tendo como foco a consulta, reembolso de despesas e objetivando agregar o maior valor ao serviço prestando informações, explicando os riscos e os resultados possíveis do processo.

Mesmo que o processo seja negativo você poderá agregar valor ao seu cliente, explicando por exemplo que nunca houve prejuízo pois ele é carente e teve o benefício da justiça gratuita, ou que o caso foi resolvido por meio de um tema repetitivo que repercutiu no País inteiro e muitos outros tiveram o direito negado, e que isto foi o melhor no momento em que o País se encontra.

A honestidade, as devidas explicações e as informações fazem com que o cliente entenda que o objetivo do seu escritório sempre foi de cuidar e proporcionar todos os instrumentos necessários a efetivação do direito dele, e que advogados de todo País atuam da mesma forma, sempre cuidado para que as melhores e mais justas decisões sejam prolatadas para melhorar a sociedade.

Razão pela qual independente de suas projeções e resultados, firmamos um novo compromisso, você tem a meta de obter clientes através do efeito multiplicador, e o objetivo de você ficar satisfeito com o seu atendimento e o cliente ter bons sentimentos.

Assim, suas consultas serão um privilégio para você, sua qualidade de vida será renovada a cada dia, seus sentimentos serão transformados e você terá um valor social ainda mais elevado.

SER OU NÃO SER

A tecnologia tem influência direta na sociedade. Os pensamentos relacionados à evolução demonstram que a mediocridade decorre dos pensamentos, e da mesma forma a tecnologia depende da capacidade de inovar no campo das ideias e dos pensamentos.

Sabendo que a nossa capacidade de criar decorre da capacidade de todos os seres humanos de pensar é inviável acreditar que existem pessoas incapazes. O fato de dar o seu melhor sempre, dentro das suas limitações o faz especial.

Por exemplo, pessoas que realizam desafios em competições físicas, concorrendo de igual para igual com pessoas sem nenhuma deficiência. Dentro de suas limitações são consideradas pessoas extraordinárias, e muitas vezes são vistas como os primeiros colocados na competição.

Por isso não podemos ser pessoas vulgares, incapazes de reconhecer que a evolução tecnológica caminha junto com nossos pensamentos, nossas necessidades e vontades, assim, sempre que um pensamento medíocre ocupar sua mente, você estará colocando em risco a possibilidade de contribuir para alguma área de necessidade social.

Sem dúvida, muitos aprendizados que tivemos no passado com nossos pais serviram para formar a pessoa que somos hoje. Entretanto, existem certas culturas e crenças que nos tornam animais de carga, sem dúvida não podemos servir e acumular peso durante a jornada da vida, caso contrário estaremos cansados, desmotivados e desorientados.

Em certo momento eu decidi que largaria tudo que havia aprendido e faria uma viagem para Índia, para trabalhar de modelo e ver como seria a experiência, na verdade estava apenas querendo fugir da minha realidade atual, e foi uma experiência que mudou a minha vida para frente, e espero que possa mudar a sua vida também.

Eu sempre aprendi que para agarrar as oportunidades deveríamos estar sempre prontos, especialmente quando eu jogava futebol. Fui sempre orientado à manter um alto rendimento físico para estar pronto caso alguma oportunidade de teste surgisse.

E por isso, quando resolvi seguir a carreira de modelo, sempre obtive uma rotina impecável de alimentação, treinos, descanso, suplementação e cuidados básicos de estética como cortar unhas, cortar o cabelo e manter uma imagem "limpa".

Quando eu cheguei na Índia, me senti em uma outra dimensão. É como se tudo que eu tivesse aprendido sobre a vida estivesse de ponta a cabeça. A religião não era a mesma, existiam milhares de deuses, logo na saída do aeroporto percebi que tinha vários militares com fuzis e metralhadoras. Quando fui pedir informação eu me dei conta que aquela realidade era algo totalmente estranho a tudo que já havia aprendido.

Sem dúvida a lição mais importante que aprendi, e levo até hoje para todos os locais que eu vou é contrária aquilo que sempre fui orientado a fazer na sala de aula, ou seja, não resolvi questionar. Parece besteira, mas você não foi sempre orientado a questionar?

Infelizmente na escola aprendemos que as pessoas nos colocam um caminho à ser seguido e devemos questionar sempre para solucionar nossas dúvidas, entretanto, a pessoa que responde já tem uma base e uma cadeia de pensamentos formados, fazendo com que nosso questionamento não seja respondido por nós, mas pela pessoas que fez a pergunta.

Qual a importância e o risco disto? Primeiro é importante que tenhamos um norte para seguir, entretanto, não podemos aceitar todas as explicações lógicas como sendo verdadeiras. Assim, temos que criar, a possibilidade de questionar é sem dúvida uma importante ferramenta, mas não devemos limitar os questionamentos às respostas já existentes.

Diante disto fica evidente que a mediocridade dos homens é inerente à capacidade de tornar-se um burro de carga, em que os questionamentos são sempre direcionadas para padrões pré-existentes que não acrescem em nada a evolução de que a população necessita.

Claro que muitas vezes os padrões geram evolução, um exemplo disto é os modelos de negócios, entretanto, é importante frisar que os modelos de negócio que dão certo são aqueles que normalmente buscam incorporar novas práticas, novos processos, e sempre buscam aprender e desaprender algo.

Isso mesmo, se você for uma pessoa medíocre jamais será capaz de reter nada, imagine uma piscina cheia de água, toda vida que você tenta entrar para cavar e assim expandir a capacidade de armazenamento você ficaria impossibilitado, pois ela estaria sempre cheia.

Entretanto, quando você desaprende significa que você esvaziou aquela piscina, cavou mais um pouco, e deu a oportunidade de receber novas informações, sem perder a base do seu conhecimento e as matérias já sedimentadas.

Sem dúvida, assumimos aqui um novo compromisso, você aprenderá e buscará desaprender para inovar, aceitar conceitos pré-existentes de forma que os seus questionamentos formem novos conceitos para sua vida.

Estamos em uma fase que não temos a resposta para os segredos do universo, até mesmo vivemos em um conjunto de rotinas e hábitos que nos fazem questionar quem somos e porque fazemos certas coisas. Esse conjunto de forças acaba fazendo com que sejamos direcionados para esperança da tão sonhada liberdade, seja ela emocional, financeira, física ou espiritual.

Ocorre que não damos tempo para nossa piscina esvaziar, estamos sempre pensando em cavar enquanto a piscina está cheia de água. Mas qual seria o caminho para mudar tudo isto? Seria o fim de nossos sonhos e nossa liberdade?

Talvez teríamos que ser mais espertos, aprender a enfrentar a piscina, nossa mente e nossas mazelas emocionais para então conseguir liberar os obstáculos, talvez não saibamos nadar, mas uma coisa é certa, se você afundar e acionar a válvula você vai conseguir secar a piscina, e não vai morrer afogado e também não vai morrer "na praia".

Então a vida funciona mais ou menos dessa forma, ou você desiste e viverá uma vida olhando diariamente para aquela piscina cheia de problemas, ou você esquece de toda carga que você teve durante sua vida e deixa de lado todas as circunstâncias que o mundo lhe oferece.

O que muita gente não sabe é que o caminho parece difícil mas é muito mais simples do que parece, o caminho para o sucesso é não ser uma pessoa medíocre, a vida não depende das circunstâncias que o mundo lhe impõe, e sim das condições que você impõe ao mundo para existir.

Um exemplo disto é o seguinte, você está em uma cidade que não tem empregos, as pessoas são pobres e não tem esperança. Buscando mudar de vida você vai para uma cidade grande e busca bairros com pessoas com muito dinheiro que precisam de ajuda para tarefas rotineiras, só pelo fato de você deixar de lado aquele universo, você terá benefícios, como emprego, esperança e aprendizado com pessoas que chegaram ao sucesso.

Então a questão é você quer ser mais um medíocre que vive carregando pesos, ou quer ser uma pessoa com ideias que podem mudar a vida de outras pessoas que estão acorrentadas na sociedade?

Um exemplo da nossa capacidade criativa é que deus nos dá todas as oportunidades para sermos quem quereremos ser. Muitas pessoas pedem para deus oportunidades, saúde, paz, calma, sabedoria, e por ai vai, entretanto esquecem que deus nos deu a vida e a oportunidade de sermos tudo isso.

Desta forma, existem pessoas que acham que por não serem escritores, cientistas, operadores do direito, ou qualquer outra profissão, não tem nada a ver com a tecnologia, entretanto, a tecnologia se molda a suas necessidades e à sua forma de pensar.

Até mesmo a mediocridade das pessoas é uma forma de melhorar a tecnologia, exemplo disto é a forma como direcionamos nossos pensamentos. Por vezes, compramos livros unicamente pois na capa está escrito "mais de um milhão de cópias vendidas", sem dúvida é uma estratégia que demonstra a aprovação social daquele produto.

Então como não somos elementos transformadores da sociedade? Nosso compromisso como advogados, operadores do direito é ser pessoas com alto valor social, capazes de sermos aprovados e gerar alto valor social, trazendo à vida das pessoas tecnologia, acesso à informação, facilidade na defesa e efetivação dos direitos.

Assim, a partir do momento que você assumir o compromisso de ser alguém capaz de aprender e desaprender, deixando de ser medíocre no sentido amplo da palavra, você estará apto a gerar um valor social que lhe deixará sem dúvida milionário, e melhor que isso, feliz.

A questão é "ser ou não ser".

ENTENDIMENTO PESSOAL

Por diversas vezes falamos em geração de valor social sob a perspectiva de geração de benefícios para sociedade, sob o prisma da formação de sentimentos positivos e melhora da qualidade de vida das pessoas.

Entretanto, o entendimento pessoal de muitos é direcionado pelo sistema capitalistas, que sem dúvida é um sistema excelente. A nossa realidade atual é direcionada para meritocracia e para o reconhecimento das pessoas.

Acredito que em um futuro não muito próximo estas vertentes estarão fadadas ao fracasso por uma simples questão de evolução de consciência e avanço social. Entretanto, volto a frisar que estamos em constante evolução e o futuro é incerto, temos e tratamos de suposições.

O entendimento pessoal de dinheiro é algo que eu busco respeitar de acordo com a necessidade e finalidade de uso de cada pessoa. Mas sem dúvida o advogado milionário tem que ter quadros bem visíveis em sua cabeça.

Você conseguiria atender 1000 pessoas em quanto tempo? Sabendo que nem todas essas pessoas iriam ingressar com alguma ação, você teria cobrado no mínimo a consulta, tendo em vista que já reconhece o seu valor e teria faturado R$350.000,00 durante esse período.

Então se você tivesse como visualizar um contexto maior, de que nos próximos 5 anos você teria que atender no mínimo 3.000 pessoas. E tomando por base que no total dos 5 anos você teria trabalhado aproximados 1.600 dias.

Por semana você teria que atender em média 9 pessoas, não parece um número impossível, entretanto você depende das ferramentas que lhe ensinei para chegar em um valor assim.

Sabendo que nem todas essas pessoas vão efetuar algum serviço com você, mas supondo que você tenha uma margem de serviço de 30% sobre as pessoas informadas, e que cada serviço prestado seria de no mínimo R$1.000,00 reais.

Teremos então que em 5 anos você teria ganho com consultas o valor de R$1.050.000,00 reais. E fora isto, as 900 pessoas lhe deram um rendimento de R$900.000,00 reais. Logo, você já seria um milionário em menos de 5 anos.

Mas você me pergunta, e as despesas? Esqueça as despesas e investimentos, a mente milionária não trabalha para pagar contas, mas para investir, sob esta perspectiva você estaria investindo o valor de no mínimo 10% de tudo que ganhou nestes cinco anos.

Supondo que você tenha ganho estes aproximados R$2.000.000,00. E que você não tenha feito nada com este dinheiro, apenas pago contas da casa e de mantença do escritório. Você conseguiu gastar bem e tem apenas metade deste valor, passados estes 5 anos, você decide investir.

Os rendimentos do investimento são de 1% ao mês, ou seja, você teria R$10.000,00 reais por mês para acrescer ao seu patrimônio. Logo, me questiono você realmente acha que é impossível ser milionário? Você realmente pretende esperar por uma aposentadoria?

O seu entendimento pessoal de dinheiro está diretamente ligado a sua capacidade de acreditar que para você é possível atingir o tão sonhado um milhão de reais, que eu, particularmente acho uma tarefa fácil de ser atingida.

Você acha possível ter mil ações de mil reais? Então você consegue ter um milhão de reais. Trace pequenos objetivos, tenha metas possíveis, tenha metas inalcançáveis, apenas acredite que é possível fazer tudo que você quiser, desde que não seja uma pessoa medíocre.

Acredito que este livro é uma importante ferramenta que abre as janelas de sua mente, evita que você nade em uma piscina de sofrimento e dor, e sobretudo permita que você se renove diariamente, no seu interior, no seu exterior, assim, a sua luz interior fará com que você brilhe, e reflita esse brilho aonde você for.

De fato a dificuldade não está em ser um milionário, mas sim a dificuldade está em você ampliar o seu campo de visão e projeção, a única forma de aumentar a sua visão é abrindo a janela de sua mente, a partir do momento que você abre as janelas da mente, seus sentimentos e emoções estarão propensos à direcioná-lo para a tão sonhada liberdade pessoal.

A IMPORTÂNCIA DAS PESSOAS

Muitas e muitas vezes somos direcionados para links de escolas jurídicas e pessoas que ensinam a fazer o chamado marketing digital. Sem dúvida é uma importante ferramenta e que pode ser muito bem aproveitada pelos escritórios de advocacia.

Eu já fiz diversos concurso para bancos e tenho conhecimento sobre matérias que dizem respeito a cultura organizacional, marketing e conhecimentos básicos em matérias como português, raciocínio lógico e conhecimentos bancários.

Qual a importância disso para a prospecção de clientes e formação de clientela? Nenhuma. Eu não tenho nada diferente de vocês, apenas sei que tenho muitos clientes. Conforme havia destacado existem mecanismos sociais que favorece a criação de clientela.

Os advogados não podem fazer marketing da mesma forma que as empresas fazem, não podemos simplesmente associar nosso escritório à imagem de uma mulher belíssima para fins de venda de serviço, pois acabaria tirando o foco do negócio prestado.

Sem dúvidas empresas fazem comerciais que associam a imagem da empresa aos momentos importantes da vida das pessoas, e a nossa profissão já nos proporciona isso, basta saber tirar proveito das situações do dia-a-dia.

Eu não sou uma pessoa religiosa por questões pessoais, entretanto aprendi a respeitar e sempre busquei conhecer um pouco sobre cada religião. Quando uma pessoa que é espírita chega no meu escritório estou disposto a conhecer mais sobre a sua doutrina e conversar sobre estas questões, da mesma forma as pessoas que seguem outras formas de ritos e liturgias.

Qual a importância disso para o seu negócio? Toda. Sem dúvida as maiores crises mundiais tiveram como foco de todas as discussões economia, política e religião.

Sabendo disto temos plena consciência de que somos seres políticos, propriamente nas relações que temos no dia-a-dia, diariamente julgando o que é certo e errado, entretanto por vezes perdemos o respeito pelo outro simplesmente por não aceitar as diferenças.

Muitos são crucificados uns pelos outros dentro das mentes inquietas e impossibilitadas de aceitar as diferenças, uns por não aceitarem a religião do outro, ou por questões de opção sexual, muitos por saberem que sabem muito, outros por acharem que o dinheiro ou a falta do dinheiro é motivo de segregação ou exclusão social.

De fato, nossas mentes inquietas geram conseqüências graves para sociedade, a partir do momento que nosso entendimento pessoal de dinheiro nos permite gerar valor social, teremos a capacidade de prospectar e captar clientes de forma frutífera e multiplicadora.

Quando você se dispõe a aceitar a opinião, incrementar a opinião do outro, e melhor ainda, criar uma nova opinião sobre você mesmo, você conseguirá mudar o seu mundo interior de forma inabalável, influenciando culturas e sendo influenciado por novas culturas.

As culturas são conjuntos de crenças, pensamentos, comportamentos e demais atos individuais existentes em razão da organização de uma determinada sociedade, família ou conjunto de pessoas.

Se você conseguir respeitar e rever seus próprios conceitos você terá a capacidade de expandir suas limitações, fazendo delas forças para sinergia de suas ações e conseqüentemente criando uma árvore que dá frutos de forma que você não precisará se preocupar com uma aposentadoria.

Eu sempre lembrava de uma frase que havia escutado, "a igreja é para as pessoas que precisam". Acreditava que isso era uma verdade, acreditava que todo mundo ia na igreja porque queria aprovação social, pois acreditavam no perdão de deus.

Conforme fui estudando, entendi que o perdão não tem a ver com a vontade de deus, ele apenas nos da as oportunidades, conforme já havia falado, se você quer ser feliz não peça a deus, tente e busque ser feliz.

O perdão está associado a capacidade da pessoa se desligar dos seus problemas, seria como se você opta-se em esvaziar uma piscina ou deixar uma piscina de lado e criar uma outra que atenda suas necessidades, assim, o perdão é algo pessoal e não depende de ninguém, apenas de você.

Sabendo disto, acho importante você tomar conhecimento do significado que busquei acreditar para a palavra amor, ela dirige-se a harmonia, logo, você só poderia ser capaz de amar quando sua mente está em harmonia de pensamentos e sentimentos.

Você não pode ser um advogado de sucesso se seus conselhos são destrutivos, claramente você terá que passar por um processo de perdão, reconhecendo suas mazelas, incertezas, tristezas e dificuldades, para começar a aceitar-se e conseqüentemente viver uma vida de amor, de harmonia.

Traçados tais conceitos e fundamentos, eu trago novamente à tona a frase "a igreja é para quem mais precisa". A mudança da interpretação desta frase agora é notória, na verdade a igreja não é para quem mais precisa, mas sim para todas as pessoas que estão buscando harmonia.

Logo, todas as entidades, sejam centros de umbanda, igrejas, casas espíritas, hospitais, escolas, e todas as demais entidades estão buscando uma única coisa, a harmonia dentro da nossa sociedade, sabendo que ela tem início dentro de cada individuo.

Como pode? Uma coisa tão simples ter uma repercussão tão grande na sociedade? Simples, a luz de cada pessoa brilha, e cada vez que essa energia se transmite os efeitos se multiplicam, mais e mais.

A grande mágica é essa. Quando você começa a deixar para traz todo conjunto de crenças limitantes você começa a ver que os ensinamentos de cristo foram claros, amar ao próximo como a si mesmo.

A única forma de conseguir amar ao próximo é amando você mesmo.

A única forma de conseguir multiplicar o pão da vida é contribuindo.

A única forma de conseguir a vida eterna é expandindo sua consciência.

A única forma de conseguir felicidade é proporcionando felicidade.

A única forma de conseguir viver em harmonia é se perdoando.

Podemos viver em um mundo do qual não temos conhecimento sobre o surgimento do universo, nos questionando sobre quem foi Jesus ou sobre como viemos parar neste mundo. Entretanto uma coisa não podemos questionar, a existência dos ensinamentos de cristo nos dão um norte.

Sabemos que tudo que foi passado para nossa sociedade tem um valor imenso, Jesus em nenhum momento criou uma religião, não fundou nenhuma sociedade, mas tão somente nos ensinou que o caminho da salvação é a fé, nos doou esperança eterna por meio da palavra.

Sabendo destas importantes questões lhe questiono novamente, será que o fato de Deus nos dar a oportunidade de sermos felizes não está diretamente ligado à possibilidade de gerar alto valor social?

A felicidade surge da capacidade de gerar valor para sociedade, a prospecção da fé reflete na esperança que enche os olhos das pessoas de lágrimas, assim a palavra de Deus reflete a existência de sentimentos.

Se todos nós somos um só, acredite que Deus está em todos os seus atos, toda energia existente é a energia de Deus, e toda força da natureza, inclusive seus pensamentos são forças que podem levar você para onde você quiser.

Muitos podem questionar a forma e o modo de pensar, muitos poderiam afirmar que existem pessoas que ganham dinheiro com poucos processos, por exemplo tributaristas, que ganham dinheiro com ações visando ressarcimento de impostos, mas esquecem que os impostos foram pagos por empresas que agregaram elevado valor social por meio de seus trabalhadores.

Ou processos de falência, em que administradores judiciais recebem valores mensais pela administração, mas esquecem de tudo que a empresa fez para chegar ao patamar existente, empregou milhares de pessoas, pagou impostos, e modificou substancialmente uma sociedade.

Assim, todas as coisas que fazemos tem valor social agregado, incorporando os resultados que obtemos nas nossas ações judicais.

A importância das pessoas nas nossas vidas é inconstestável, eu acredito, pessoalmente e particularmente que todos somos um, e que Deus está presente em tudo que fazemos, inclusive nas atitudes negativas, pois está nos dando a oportunidade de aprender com os erros e melhorar.

Talvez tenhamos uma consciência maior, ainda engessada, mas que ao tempo necessário será expandida para que todos possamos enxergar a vida como ela realmente deve ser. E para isso, precisamos uns dos outros.

A nossa consciência depende da importância que damos aos nossos semelhantes, para que assim consigamos multiplicar a nossa energia, a energia de Deus.

Assumimos aqui mais um compromisso, quando você tiver a oportunidade de conhecer um pouco, ainda que por meio de uma conversa, sobre a vida de seu cliente, seus amigos, familiares, você terá condições de gerar sentimentos que vão lhe direcionar para tão sonhada liberdade.

O MEDO

Eu aprendi que muitas pessoas agem pelo medo ou pela necessidade. Entretanto acho este conceito um tanto ditatorial e vago, além de ser contrário às boas práticas das pessoas felizes e desenvolvidas.

O medo sem dúvida faz com que as pessoas sejam medíocres, trata-se de uma defesa das pessoas para proteger-se do incerto, do desconhecido, do medo de perder tudo aquilo que conquistaram.

Entretanto, as pessoas que conseguem transcender estarão aptas ao sucesso. Mas como conseguir efetivar a dita transcendência? Simples, acredite que você pertence ao universo da mesma forma que ele pertence à você.

O fato de ser medíocre deve ser uma ferramenta utilizada à favor da pessoa que busca desenvolvimento, afinal, você será iluminado por meio de seus pensamentos, cada pensamento positivo, cada atitude de mudança irão lhe beneficiar com a compaixão do próximo.

Muitas pessoas estão fadadas a viver uma vida infeliz, por uma simples e pura razão, ficam felizes com pequenos brindes, pequenos presentes que lhe são dados por pessoas que estão preocupadas unicamente com o futuro delas.

Quando um empresário investe em você para você ser sócio você será uma pessoa que estará caminhando para a sua liberdade, bem como o empresário. Entretanto, se ele investe em você com a pretensão de retirar sua liberdade, você estará fadado à tristeza.

Ocorre que o universo é uma força que acompanha as pessoas que buscam agregar o valor social, esse valor só pode ser útil quando as pessoas são realmente valorizadas.

Existem pessoas que se sentem valorizadas com migalhas, mas a sensação é momentânea, recebem um presente como forma de reconhecimento mas aquilo não mudou a rotina de força à trazer a dita liberdade pessoal.

O que ocorre é que muitas pessoas que tem o poder, acham que o medo é a melhor forma de controle. Fazendo com que um simples elogio seja visto pelo empregado como algo surpreendente, ou como se isto fosse um grande prêmio.

Na verdade o dever ser é uma atitude que envolve respeito, compaixão, sabedoria e cuidado. O patrão, o chefe, não pode ser visto como uma inimigo, mas sim, como parte integrante do todo, e o verdadeiro reconhecimento, a verdadeira valorização é a possibilidade de gerar valor social.

Quando você investe em alguém pensando em rendimentos dificilmente os terá, entretanto, quando você investe em alguém, permitindo que este gere valor social, claramente você terá o retorno esperado, nas suas mais diversas formas.

As pessoas que são infelizes parecem fazer uso de uma droga. Verifique isso nas pessoas mais infelizes que você conhece, não parece que elas tem pequenos vícios de conduta? Elas compram mais e mais e não atingem a sensação de felicidade, mas apenas prazeres momentâneos.

Elas não conseguem chegar na dita perfeição que esperam e não formam o seu entendimento pessoal ideal. Justamente porque é não é possível viver de aparência, de ilusão, e muitos dos ensinamentos sociais são de gastos excessivos, aparência luxuosa e conceitos desmedidos de sucesso.

A inversão de valores acaba gerando medo nas pessoas, este medo reflete em tentativas de mostrar que compartilham os mesmos pensamentos, e que suas atividades estão direcionadas para aquilo que todos estão acreditando.

Neste sentido, assumimos aqui mais um compromisso para você e para seus colaboradores, não tente inverter valores, acredite no respeito, na autonomia de seus colaboradores, permita que aprendam com seus erros e possam gerar valor social por si mesmos, caso contrário estarão fadados à repetir tudo aquilo que você já sabe.

O DINHEIRO

Um dos primeiros mitos é achar que uma pessoa é dona do dinheiro, primeiramente o dinheiro já foi de muita gente, durante muito tempo, passou de mãos em mãos. Por isso, acredite ele pode chegar facilmente nas suas mãos.

Eu sempre fui uma pessoa que não acreditava no meu potencial, eu tinha dúvidas sobre a possibilidade ou não de fazer dinheiro com minhas habilidades, pensava o quão difícil seria formar uma clientela, mas hoje já tenho certezas e não mais incertezas e pretendo que você também pense assim.

Em meio a minha caminhada do escritório de advocacia, eu decidi que iria dar aulas de boxe para complementar minha renda e passar um tempo fazendo algo no ramo dos esportes. Aprendi que o tempo disponível é muito importante, por isso, antes de optar em abrir um novo negócio, pense muito bem na sua família.

Em seguida, aprendi que não é possível agradar a todos, e se você tentar fazer isso vai perder a sua motivação de forma alavancada. Por isso, mantenha-se fiel a suas metodologias e seus bons pensamentos, afinal existem pessoas infelizes, em alguns casos a melhor forma de se proteger é mantendo distância.

Os negócios funcionam de acordo com o valor social que você agrega, mas não somente com isso, a partir do momento que você é afetado, mesmo gerando valor social, o negócio tende à decair e fracassar, sendo este o momento de você se reinventar, moldar o seu negócio às suas necessidades.

Quando você começa a reinventar aquilo que não se ajusta ao seu modo de pensar, você começa a ter resultados visíveis. Sua capacidade de trabalhar e sua força de vontade aumentam e a melhora começa a aparecer.

Muitas pessoas planejam muito e esquecem de dar um passo de cada vez, a primeira atitude é que define se você vai fazer ou não vai fazer algo. Quando você dá tempo, muitas vezes você deixa a oportunidade passar.

Se você quer fazer dinheiro, direcione sua ação para isso. Se você pretende chegar do trabalho e ir a academia, não sente no sofá, coloque o tênis e saia de casa.

Se você quer ganhar dinheiro faça algo que possa lhe trazer clientes, ligue para alguém, compartilhe informações, pense em novos séricos, modifique a forma de cobrança, e tenha estratégias em sua mente.

As vezes buscar informações e técnicas de aprimoramento são essenciais para começar e melhorar um negócio, mas muitos dos processos foram inventados por alguém, logo, você tem a opção de copiar de alguém ou inventar algo novo.

Claro que não é preciso sempre inventar algo que já está pronto, mas o fato de poder criar e aprimorar algo é um meio de fazer com que o dinheiro caia de vez no seu colo.

Eu faço isto pois o dinheiro é algo que tem fundamentos da sua existência, e o primeiro deles é que você terá dinheiro a medida que for capacitado para isso.

Parece besteira falar isso? Mas é claro, uma pessoa que estuda para concursos se capacita para receber um valor, que será progressivo de acordo com as dificuldades do cargo exercido.

Se você se capacita pessoalmente, internamente, para ter alto valor social, também será capaz de ganhar muito dinheiro, e muito mais do que uma pessoa que exerce um cargo público.

O fato é que muitas pessoas acham que o estudo é a única forma de ganhar dinheiro, muito pelo contrário, é a forma mais segura de conseguir uma qualificação profissional, o que não lhe garante um emprego.

O mercado de trabalho precisa de mão-de-obra qualificada, sempre existe busca de pessoas capacitadas para determinadas funções, mecânicos, tintureiros, secretárias, vendedores e etc.

Entretanto, existe poucas pessoas qualificadas para exercer determinados cargos. Então, qual é o segredo para receber dinheiro? Foque nos seus resultados.

Vamos supor que o vendedor consegue aumentar significativamente seus ganhos por meio de comissões, claramente estará motivado a tentar vender mais e mais.

Então, se você já é advogado o que impede você de ganhar mais e mais? Você não faz seus próprios resultados? Tem medo de não conseguir manter o escritório? Qual é realmente o seu medo de tentar começar algo novo?

Comece sem nada, você verá que é possível. Busque experiência com alguém que já tem um escritório, divida despesas, divida lucros, seja uma pessoa que acredita na sua capacidade.

Eu falo isso pois seu nunca me imaginei dando aulas de boxe, eu dava aula de Muaythai, mas quando eu tinha que pensar em dar aula de boxe, e fazer dinheiro com isso para mim, acabava travando, não conseguia pensar nisso.

Quando surgiu a oportunidade de comprar a cartela de clientes do meu professor e continuar dando aula na sala dele, eu tive uma motivação para começar o negócio. Atualmente eu vejo que aprendi muito, e que conseguiria fazer isso de outra forma.

Talvez começando do zero, fazendo com que as pessoas vissem que eu tinha qualificação, montaria minha clientela, teria meus rendimentos com baixo custo de despesas, pois não faria algo dentro de uma academia, mas em céu aberto ou na casa das pessoas, agregando mais valor ainda ao meu negócio.

Assim, eu te perguntou, você acha que um advogado de sucesso tem medo de multidões? Tem medo de ser visto? Ele pode sim ficar muito nervoso, pode gaguejar, pode demonstrar insegurança, mas ele não tem medo disto, pois ele sabe que está fazendo o melhor dele naquele momento.

As pessoas que veem alguém se esforçando reconhecem a tentativa, fazem com que o sentimentos de compaixão cresçam, e o que parecia infrutífero vira uma verdadeira demonstração de superação e motivação.

Desta forma, o dinheiro poderá cair em suas mãos, desde que você assuma um compromisso. Não tenha medo do pior, sua concepção de morte e medo é algo que não existe em muitas religiões, você está fadado unicamente ao sucesso e ao processo de aprendizagem.

Você será recompensado por todo seu esforço.

NOSSO COMPROMISSO

Os compromissos assumidos nessa obra podem mudar a sua vida, se você dedica sua vida à séries, redes sociais e outras atividades que se demonstram viciantes e infrutíferas, comece sentando, colocando em um papel tudo que fez na semana anterior.

Em seguida, tente fazer o seguinte, traçar 30 minutos para cada coisa que pretende fazer. Ler um livro, estudar, caminhar, aprender algo novo, escrever um diário, meditar, fazer trabalhos de conclusão de curso, e por ai vai.

Você perceberá que você vai querer mais tempo, tente deixar as atividades como ver séries somente como recompensas pelo que você já fez de útil, servindo assim como uma forma de relaxar e de lazer.

Quando as coisas que você não conseguia fazer virarem prazerosas você vai perceber que a nossa força de vontade decorre de nossas escolhas, de nossa organização e da nossa capacidade de criar o nosso próprio destino.

Espero que esta obra ajude você à mudar a sua vida, tornando-se uma pessoa que tenha condições de assumir a grande tarefa de agregar valor à vida das pessoas diariamente, contribuindo diretamente para o futuro da humanidade.

Então, este é nosso compromisso final, "gere elevado valor social". Obrigado, e espero que você tenha sucesso na "nossa" jornada.